Impressum
Verlag: BABADADA GmbH, Nedderfeld 112 , 22529 Hamburg
Geschäftsführer / Verlagsleitung: Harald Hof
Druck: Books on Demand GmbH, In de Tarpen 42, 22848 Norderstedt

Imprint
Publisher: BABADADA GmbH, Nedderfeld 112 , 22529 Hamburg, Germany
Managing Director / Publishing direction: Harald Hof
Print: Books on Demand GmbH, In de Tarpen 42, 22848 Norderstedt

sekolah

escola

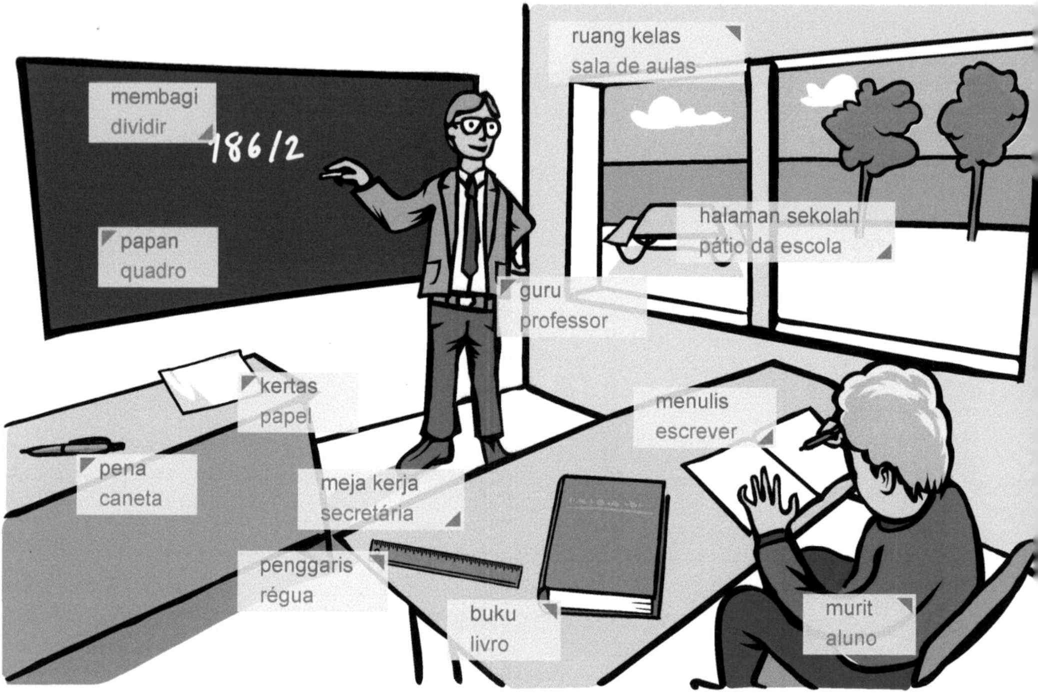

ruang kelas
sala de aulas
membagi
dividir
186/2
papan
quadro
halaman sekolah
pátio da escola
guru
professor
kertas
papel
menulis
escrever
pena
caneta
meja kerja
secretária
penggaris
régua
buku
livro
murit
aluno

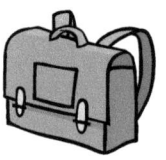

tas sekolah

mochila

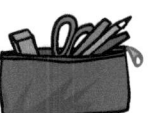

tempat pensil

estojo de lápis

pensil

lápis

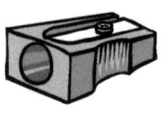

pengasah pensil

afia-lápis

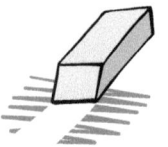

penghapus

borracha

kertas gambar

bloco de desenho

gambar

desenho

kuas

pincel

kotak cat

caixa de tintas

gunting

tesoura

lem

cola

buku latihan

livro de exercícios

pekerjaan rumah

trabalhos de casa

12

angka

número

2+2

tambhakan

somar

5-2

mengurangi

subtrair

2×2

mengalikan

multiplicar

menghitung

calcular

A

huruf

letra

ABCDEFG HIJKLMN OPQRSTU VWXYZ

alfabet

alfabeto

hello

kata

palavra

teks
texto

membaca
ler

kapur
giz

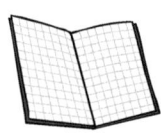

pelajaran
hora

daftar
registo de presenças

ujian
exame

sertifikat
certificado

seragam sekolah
uniforme escolar

pendidikan
educação

ensiklopedi
enciclopédia

universitas
universidade

mikroskop
microscópio

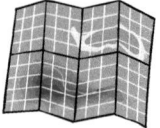

peta
mapa

tempat sampah
cesto de lixo

hotel
hotel

hostel
hostel

kantor pertukaran mata uang
casa de câmbio

ROOMS

€CHANGE

koper
mala

mobil
carro

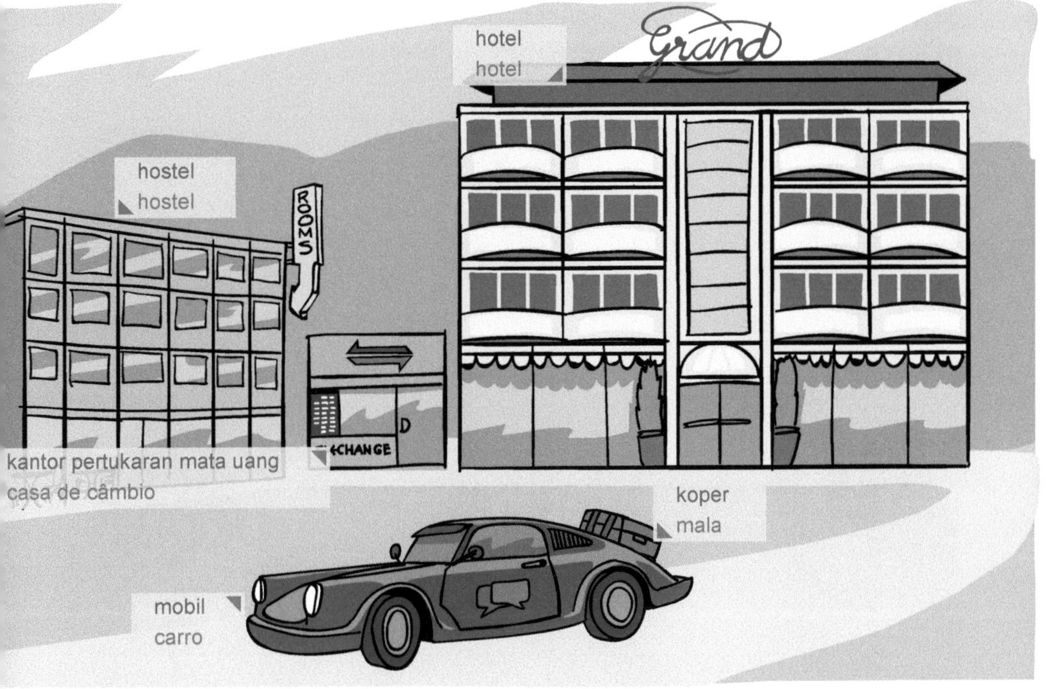

bahasa

idioma

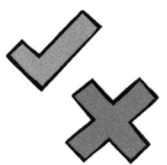

ya / tidak

sim / não

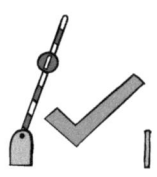

okay

ok / certo / correto

hallo

olá

penerjemah

intérprete

terima kasih

obrigado

Berapa harganya...?

quanto é que custa... ?

saya tidak mengerti

não entendo

masalah

problema

Selamat malam!

boa noite!

Selamat siang!

Bom dia!

Selamat tidur!

Boa noite!

sampai jumpa

adeus

arah

direção

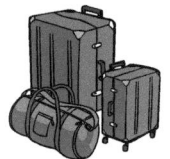

bagasi

bagagem

tas

saco

ransel

mochila

tamu

convidado

ruang

quarto

kantong tidur

saco-cama

tenda

tenda

informasi wisata

informação turística

pantai

praia

kartu kredit

cartão de crédito

sarapan

pequeno-almoço

makan siang

almoço

makan malam

jantar

tiket

bilhete

elevator

elevador

perangko

selo postal

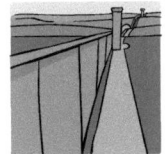

perbatasan

fronteira

cukai

alfândega

kedutaan

embaixada

visa

visto

paspor

passaporte

transportasi
transporte

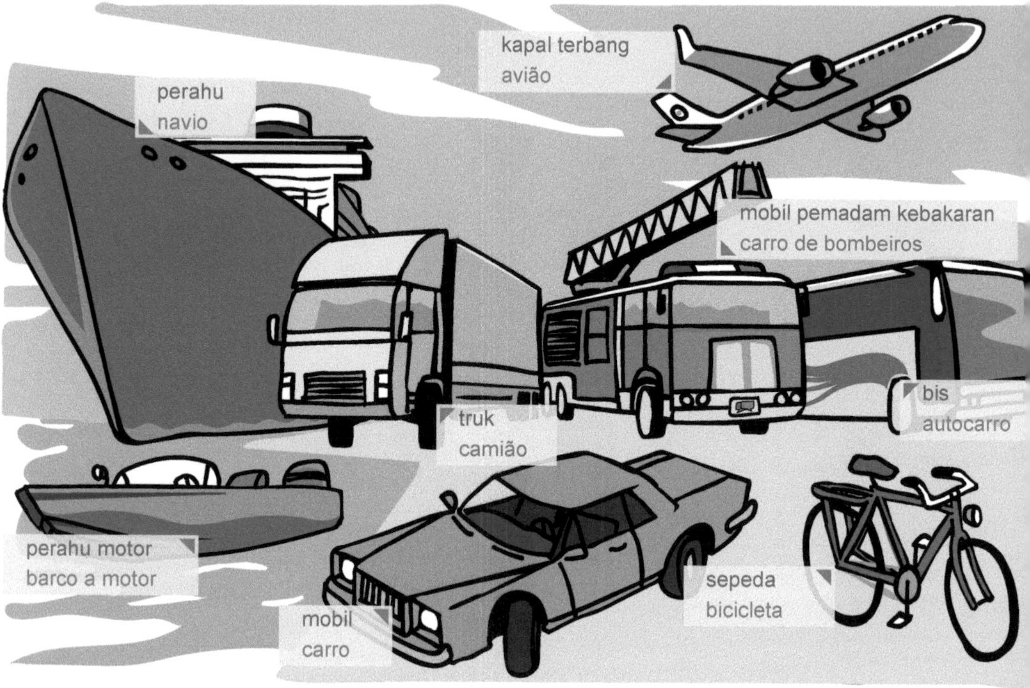
kapal terbang
avião
perahu
navio
mobil pemadam kebakaran
carro de bombeiros
bis
autocarro
truk
camião
perahu motor
barco a motor
sepeda
bicicleta
mobil
carro

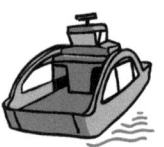

feri
cacilheiro

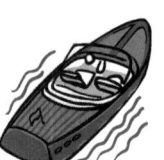

perahu
barco

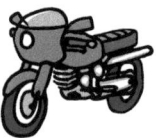

sepeda motor
mota

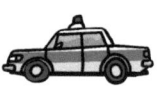

mobil polisi
carro de polícia

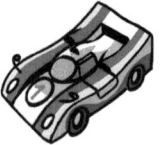

mobil balapan
carro de corrida

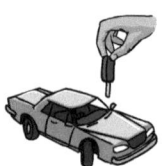

mobil sewa
carro alugado

berbagi mobil
carsharing

truk derek
camião de reboque

truk sampah
camião do lixo

motor
motor

bahan bakar
combustível

bensin
estação de serviço

tanda lalulintas
sinal de trânsito

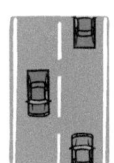

lalulintas
trânsito

macet
congestionamento de
trânsito

parkir mobil
arque de estacionamento

stasiun kereta
estação ferroviária

trek
carris

kereta api
comboio

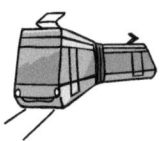

tram
elétrico

gerobak
carruagem

helikopter

helicóptero

bendara

aeroporto

menara

torre

penumpang

passageiro

container

contentor

karton

caixa de papelão

troli

carrinho

keranjang

cesto

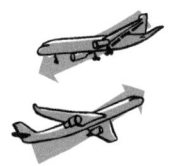

berangkat / mendarat

levantar voo / aterrar

kota

cidade

desa

aldeia

pusat kota

centro da cidade

rumah

casa

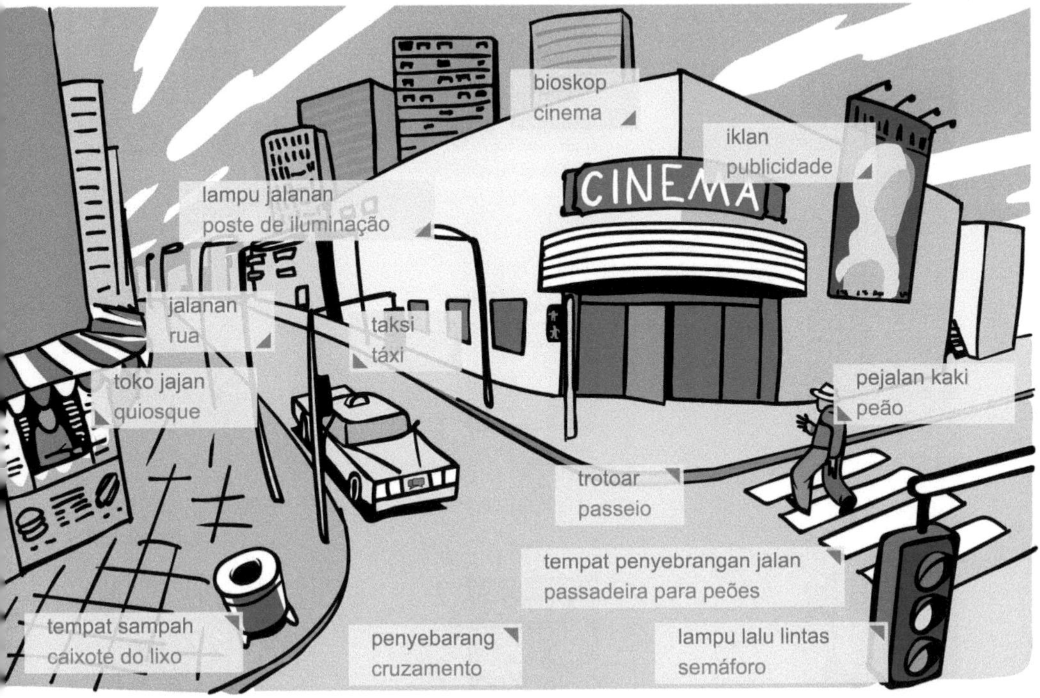

bioskop
cinema

iklan
publicidade

lampu jalanan
poste de iluminação

CINEMA

jalanan
rua

taksi
táxi

toko jajan
quiosque

pejalan kaki
peão

trotoar
passeio

tempat penyebrangan jalan
passadeira para peões

tempat sampah
caixote do lixo

penyebarang
cruzamento

lampu lalu lintas
semáforo

gubuk
cabana

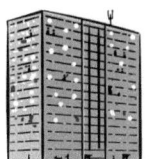

rumah flat
apartamento

stasiun kereta
estação ferroviária

balai kota
câmara municipal

museum
museu

sekolah
escola

kota - cidade

universitas

universidade

bank

banco

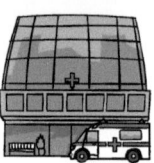

rumah sakit

hospital

hotel

hotel

farmasi

farmácia

kantor

escritório

toko buku

livraria

toko

loja

toko bunga

florista

supermarket

supermercado

pasar

mercado

toko serba ada

loja de departamentos

nelayan

peixaria

pusat belanja

centro comercial

pelabuhan

porto

taman
parque

banku
banco

jembatan
ponte

tangga
escadas

kereta bawah tanah
metro

terowongan
túnel

pemberhantian bis
paragem de autocarro

bar
bar

restauran
restaurante

kotak surat
caixa de correio

tanda jalan
sinal de trânsito

meteran parkir
parquímetro

kebun binatang
jardim zoológico

kolam renang
piscina

mesjid
mesquita

pertanian
quinta

polusi
poluição

kuburan
cemitério

gereja
igreja

tempat bermain
parque infantil

pura
templo

pemandangan
paisagem

daun
folha

penunjuk arah
placa de sinalização

jalanan
caminho

padang rumput
prado

batu
pedra

pejalak kaki
caminhantes

pohon
árvore

sungai
rio

rumput
relva

bunga
flor

lembah
vale

bukit
montanha

danau
lago

hutan
floresta

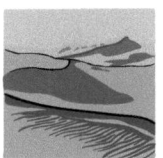

padang gurun
deserto

gunung berapi
vulcão

istana
castelo

pelangi
arco-íris

jamur
cogumelo

pohon palem
palma

nyamuk
mosquito

lalat
mosca

semut
formiga

lebah
abelha

laba-laba
aranha

kumbang

besouro

kodok

sapo

tupai

esquilo

landak

ouriço

kelinci

lebre

burung hantu

coruja

burung

pássaro

angsa

cisne

babi jantan

javali

rusa

veado

rusa

alce

bendungan

barragem

turbin angin

turbina eólica

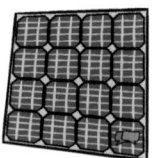

panel surya

painel solar

iklim

clima

pemandangan - paisagem

restauran
restaurante

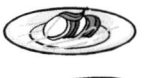

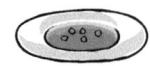

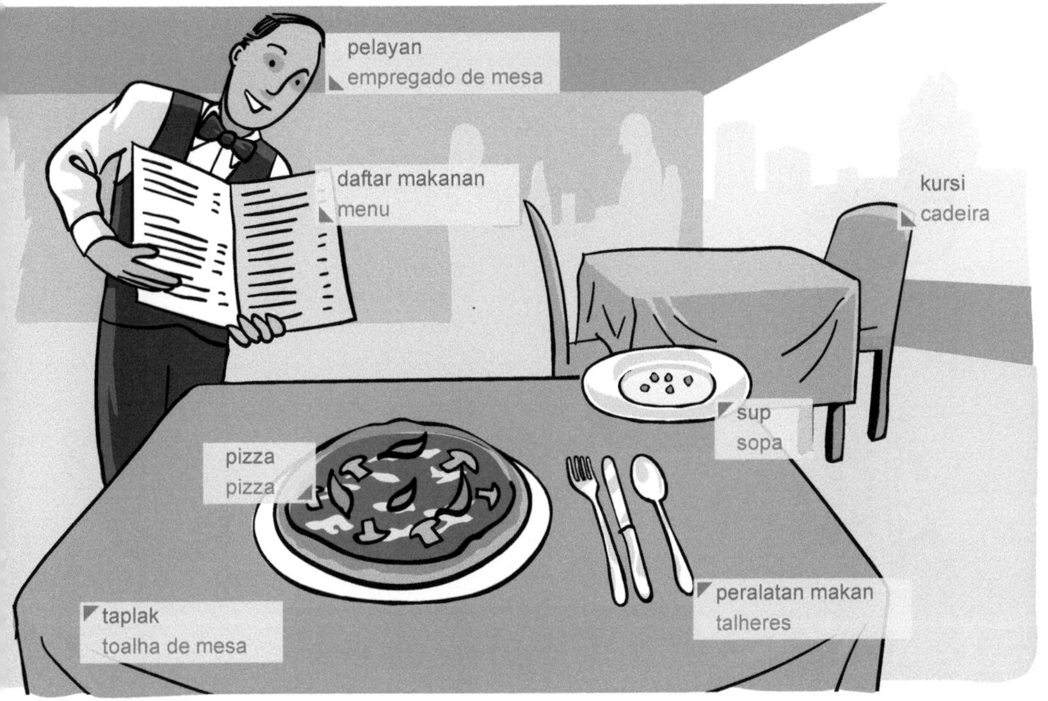
pelayan
empregado de mesa
daftar makanan
menu
kursi
cadeira
sup
sopa
pizza
pizza
peralatan makan
talheres
taplak
toalha de mesa

hindangan pembuka

entrada

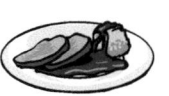

hidangan utama

prato principal

hidangan penutup

sobremesa

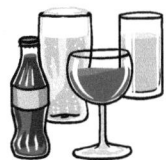

minuman

bebidas

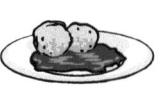

makanan

comida

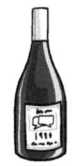

botol

garrafa

fastfood

fast food

masakan jalanan

comida de rua

teko teh

bule de chá

kaleng gula

açucareiro

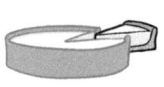

porsi

porção

mesin espresso

máquina de café expresso

kursi tinggi

cadeira alta

tagihan

conta

baki

bandeja

pisau

faca

garpu

garfo

sendok

colher

sendok teh

colher de chá

serbet

guardanapo

gelas

copo

piring

prato

piring sup

prato de sopa

lepek

pires

saus

molho

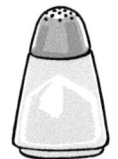

tempat garam

saleiro

gilingan merica

moinho de pimenta

cuka

vinagre

minyak

óleo

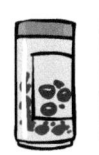

bumbu

especiarias

saus tomat

ketchup

mustar

mostarda

mayones

maionese

supermarket
supermercado

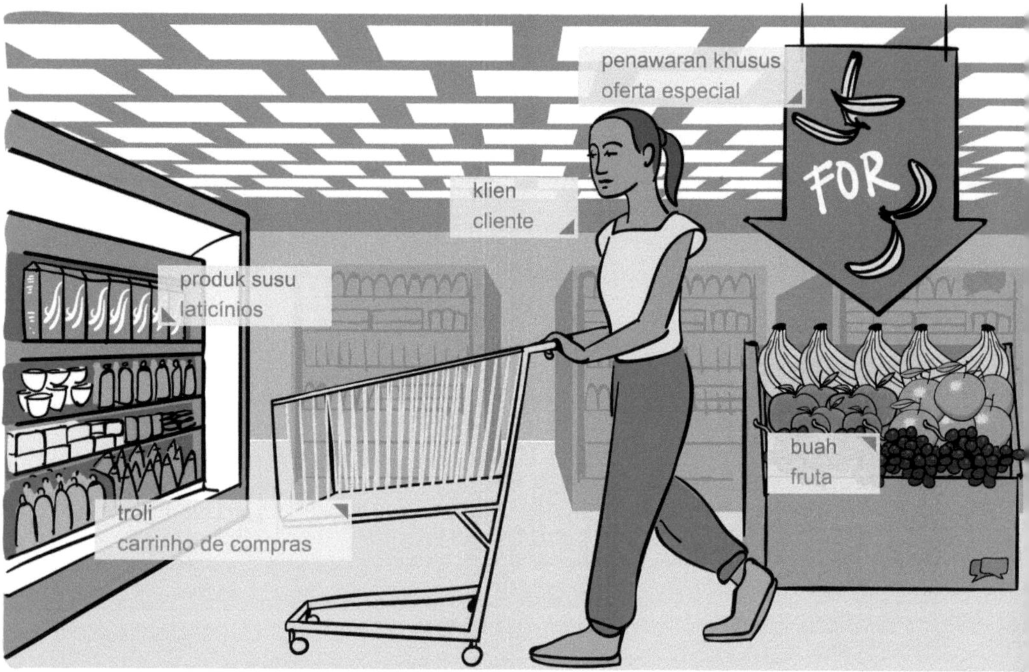

penawaran khusus
oferta especial
klien
cliente
produk susu
laticínios
buah
fruta
troli
carrinho de compras
FOR

BUTCHERS

pembantai

talho

BAKERY

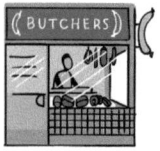

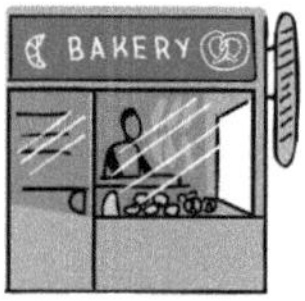

toko roti

padaria

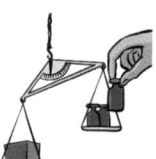

menimbang

pesar

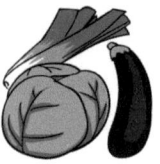

sayur

vegetais

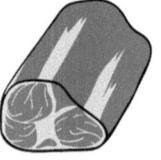

daging

carne

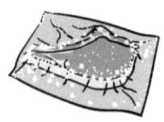

makanan beku

alimentos congelados

pemotongan dingin

charcutaria

makanan kaleng

comida enlatada

sabun serbuk

detergente em pó

permen

doces

alat-alat rumah tangga

artigos domésticos

obat pembersihan

produtos de limpeza

penjual

vendedora

kasa

caixa

kasir

caixa

daftar belanja

lista de compras

jam buka

horário de funcionamento

dompet

carteira

kartu kredit

cartão de crédito

tas

saco

kantong plastik

saco de plástico

air
água

jus
sumo

susu
leite

cola
coca-cola

anggur
vinho

bir
cerveja

alkohol
álcool

coklat
cacau

teh
chá

kopi
café

espresso
café expresso

cappucino
capuccino

pisang

banana

apel

maçã

jeruk

laranja

semangka

melão

jeruk lemon

limão

wortel

cenoura

bawang putih

alho

bambu

bambu

bawang bombai

cebola

jamur

cogumelo

kacang

nozes

mi

talharim

spagetti

esparguete

nasi

arroz

salat

salada

kentang goreng

batatas fritas

kentang goreng

batatas fritas

pizza

pizza

hamburger

hambúrguer

sandwich

sanduíche

sayatan

bife panado

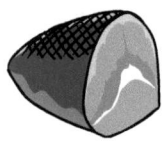

ham

fiambre

salami

salame

sosis

salsicha

ayam

galinha

menggoreng

assado

ikan

peixe

bubur gandum	sereal	cornflakes
flocos de aveia	muesli	flocos de milho

tepung	croissant	roti
farinha	croissant	carcaça (pãozinho)

roti	toast	biskuit
pão	torrada	biscoitos

mentega	dadih	kue
manteiga	requeijão	bolo

telur	telur goreng	keju
ovo	ovo estrelado	queijo

eskrim

gelado

gula

açúcar

madu

mel

selai

compota

krim nugat

creme de nougat

kare

caril

pertanian
quinta

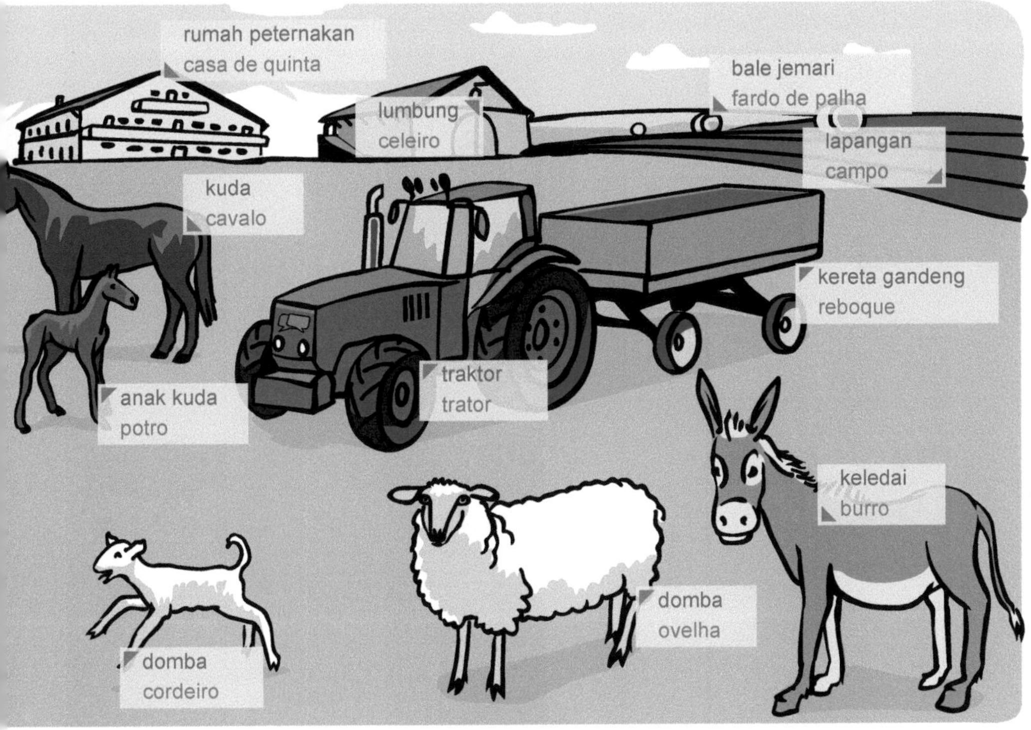

rumah peternakan
casa de quinta
lumbung
celeiro
bale jemari
fardo de palha
lapangan
campo
kuda
cavalo
kereta gandeng
reboque
traktor
trator
anak kuda
potro
keledai
burro
domba
ovelha
domba
cordeiro

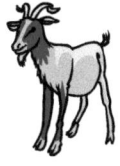

kambing

cabra

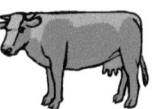

sapi

vaca

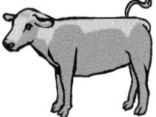

betis

bezerro

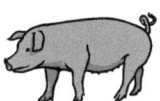

babi

porco

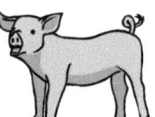

celeng

leitão

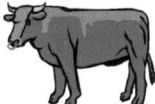

banteng

touro

angsa

ganso

bebek

pato

anak ayam

pintaínho

ayam

galinha

ayam jantan

galo

tikus

ratazana

kucing

gato

tikus

rato

lembu

boi

anjing

cão

rumah anjing

casota

selang

mangueira de jardim

penyiram

regador

sabit

foice

bajak

arado

sabit
foice

cangkul
enxada

garpu rumput
forquilha

kapak
machado

gerobak
carrinho de mão

palung
manjedoura

kaleng susu
jarro de leite

karung
saco

pagar
cerca

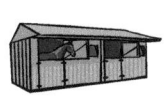

kandang
estábulo

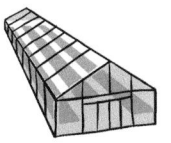

rumah kaca
estufa

tanah
solo

benih
semente

pupuk
fertilizante

mesin pemanen
ceifeira-debulhadora

panen

colher

panen

colheita

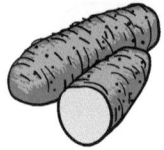

yams

inhame

gandum

trigo

kedelai

soja

kentang

batata

jagung

milho

lobak

colza

pohon buah

árvore de fruto

singkong

mandioca

sereal

cereais

rumah
casa

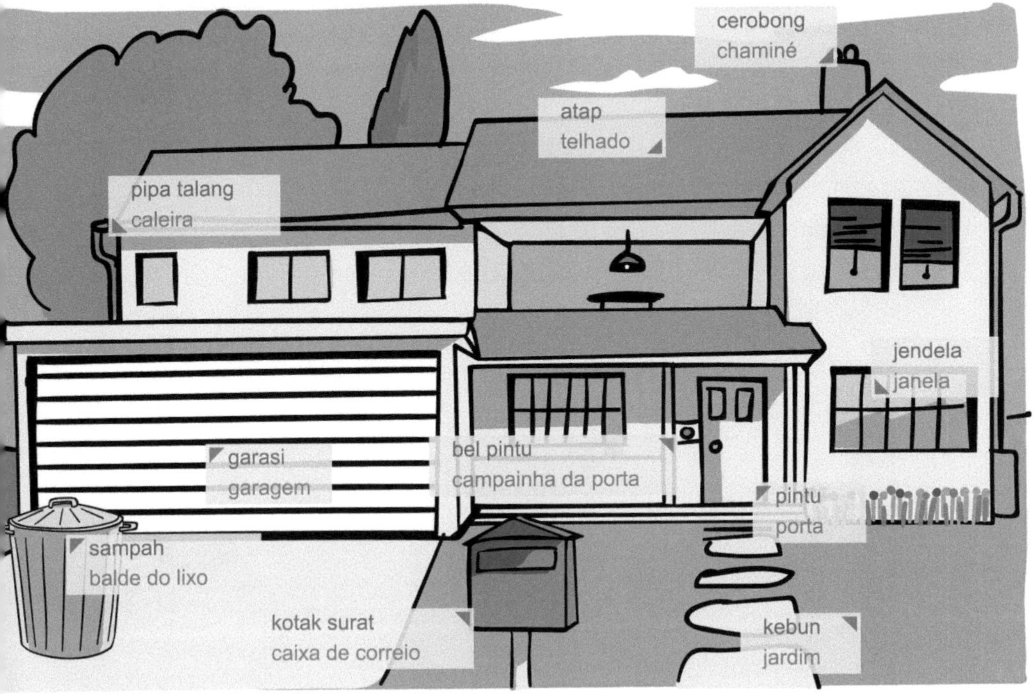

cerobong
chaminé
atap
telhado
pipa talang
caleira
jendela
janela
garasi
garagem
bel pintu
campainha da porta
pintu
porta
sampah
balde do lixo
kotak surat
caixa de correio
kebun
jardim

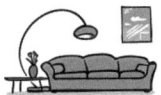

ruang tamu

sala de estar

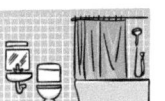

kamar mandi

casa de banho

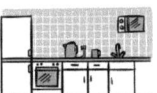

dapur

cozinha

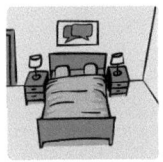

kamar tidur

quarto de dormir

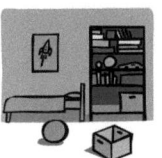

kamar anak

quarto de criança

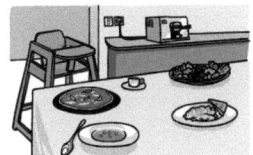

kamar makan

sala de jantar

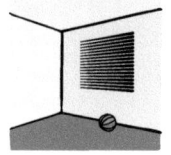

lantai
chão

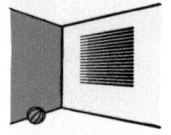

tembok
parede

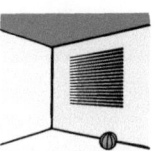

atap
teto

gudang di bawah tanah
cave

sauna
sauna

balkon
varanda

teras
terraço

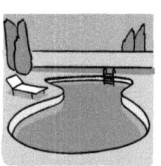

kolam renang
piscina

mesin pemotong rumput
máquina de cortar relvado

sprei
lençol

selimut
cobertor

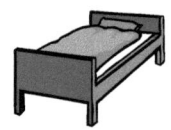

tempat tidur
cama

sapu
vassoura

ember
balde

tombol
interruptor

ruang tamu
sala de estar

kertas dinding
papel de parede
gambar
imagem
lampu
lâmpada
rak
prateleira
kabinet
armário
televisi
televisão
perapian
lareira
bunga
flor
bantal
almofada
sofa
sofá
vas
vaso
remote control
controlo remoto

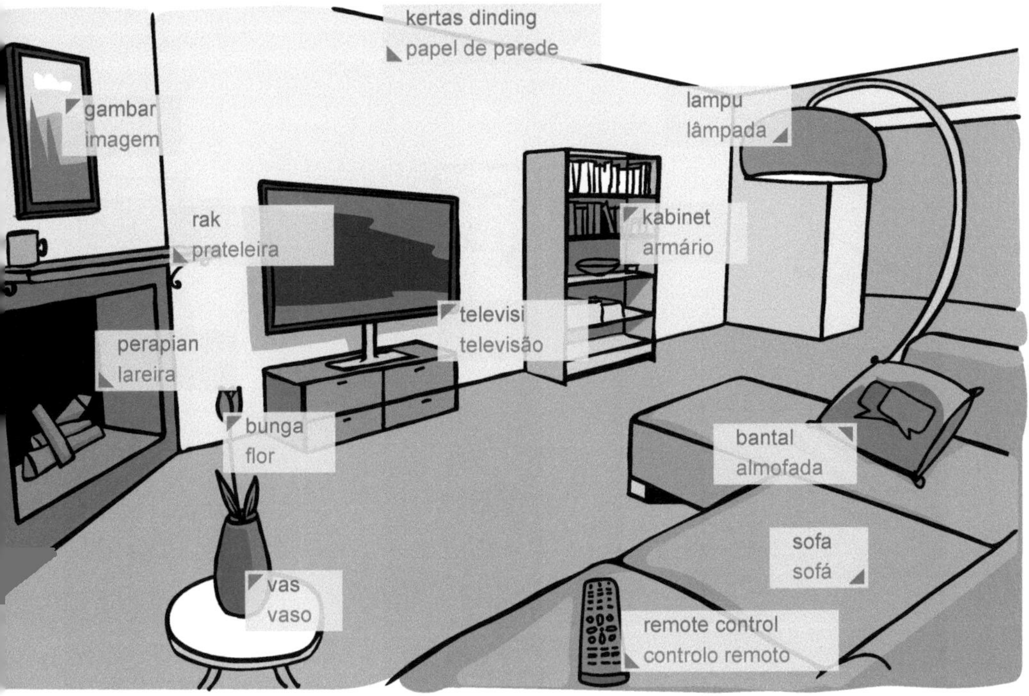

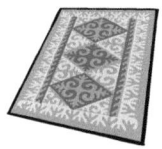

karpet
tapete

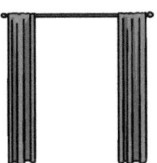

korden
cortina

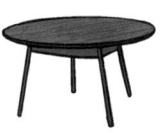

meja
mesa

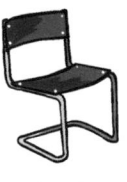

kursi
cadeira

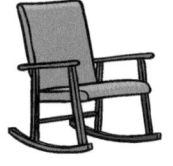

kursi goyang
cadeira de baloiço

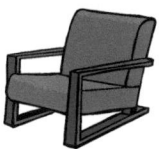

kursi malas
poltrona

buku

livro

selimut

cobertor

dekorasi

decoração

kayu bakar

lenha

filem

filme

hi-fi

sistema estéreo

kunci

chave

koran

jornal

lukisan

pintura

poster

póster

radio

rádio

buku tulis

bloco de notas

penyedot debu

aspirador

kaktus

cato

lilin

vela

dapur
cozinha

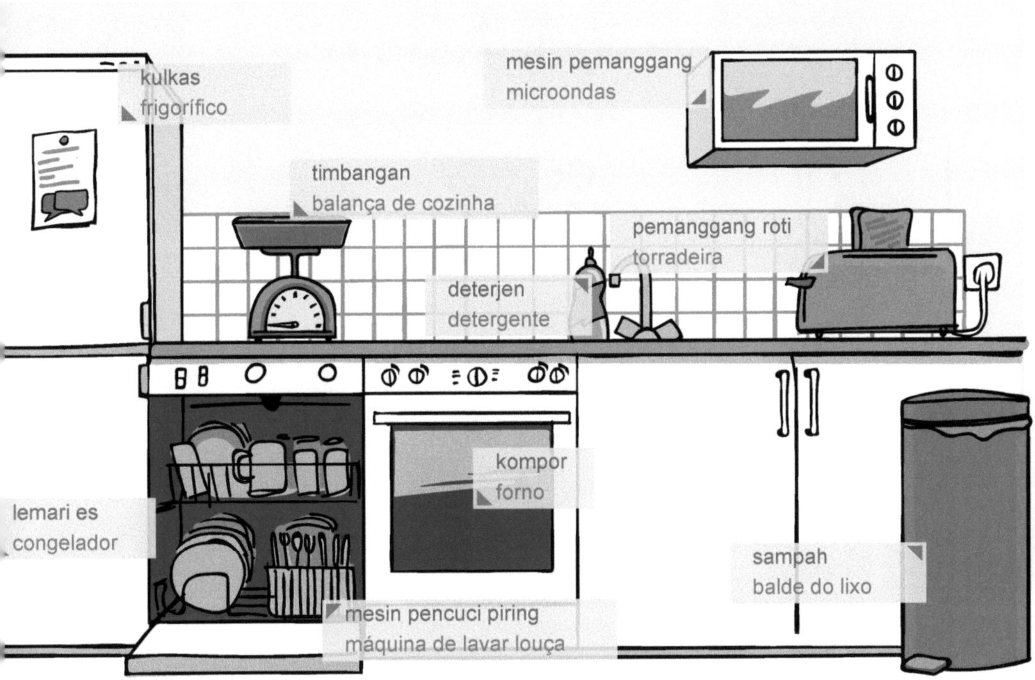
kulkas
frigorífico
mesin pemanggang
microondas
timbangan
balança de cozinha
pemanggang roti
torradeira
deterjen
detergente
kompor
forno
lemari es
congelador
sampah
balde do lixo
mesin pencuci piring
máquina de lavar louça

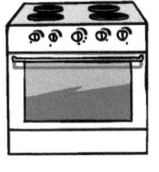

kompor

fogão

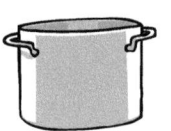

panci

panela

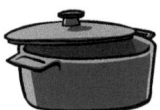

panci besi

panela de ferro

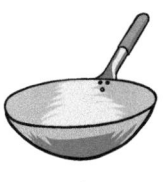

wajan

wok / kadai

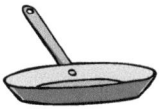

panci

frigideira

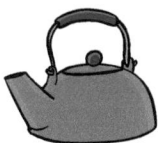

pemanas air

chaleira

panci pengukus makanan

panela a vapor

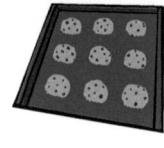

nampan

tabuleiro de forno

piring

louça

cangkir

caneca

mangkok

tigela

sumpit

pauzinhos

sendok sup

concha de sopa

sudip

espátula

mengocok

batedor de claras

saringan

escorredor

saringan

peneira

parutan

ralador

mortir

almofariz

barbeque

churrasqueira

api terbuka

lareira

papan memotong

tábua de cortar

gilingan

rolo da massa

alat pembuka botol

saca-rolhas

kaleng

lata

pembuka kaleng

abridor de latas

pegangan panci

luvas de forno

wastafel

lava-loiça

sikat

escova

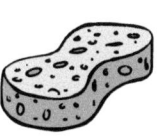

busa

esponja

mesin pencampur

liquidificador

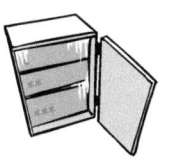

lemari es

arca frigorífica

botol bayi

biberão

keran

torneira

kamar mandi
casa de banho

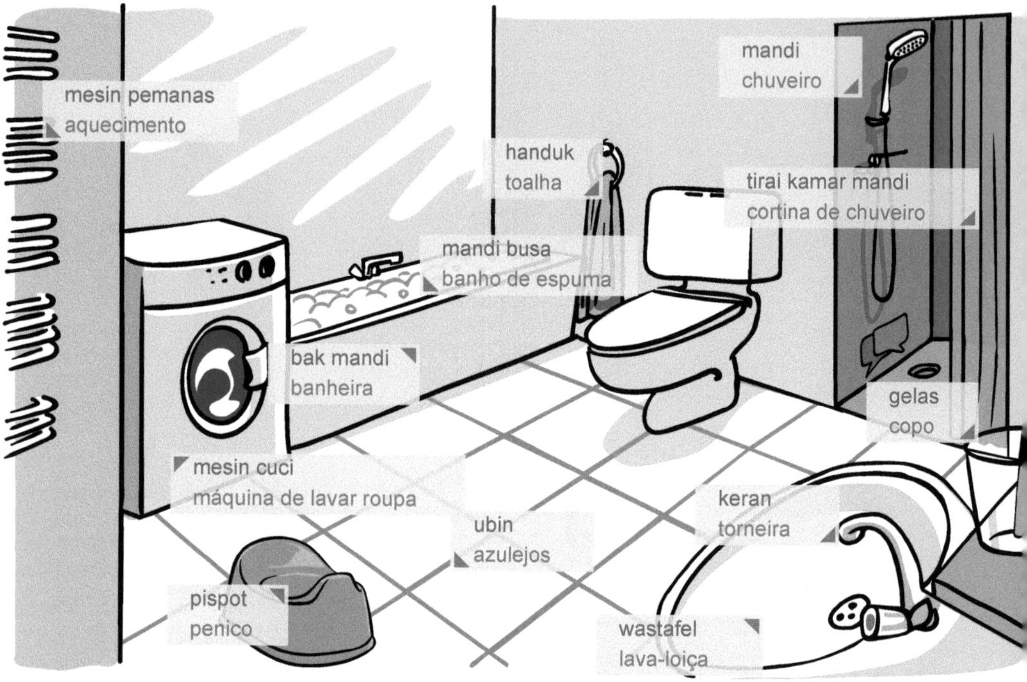

mandi
chuveiro
mesin pemanas
aquecimento
handuk
toalha
tirai kamar mandi
cortina de chuveiro
mandi busa
banho de espuma
bak mandi
banheira
gelas
copo
mesin cuci
máquina de lavar roupa
keran
torneira
ubin
azulejos
pispot
penico
wastafel
lava-loiça

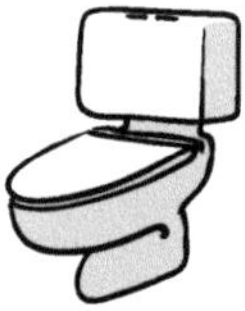

toilet

sanita

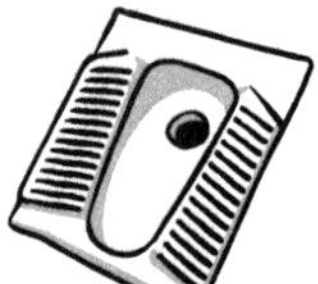

toilet jongkok

retrete turca

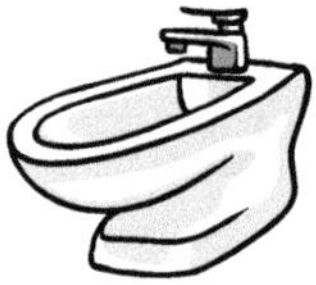

bidet

bidé

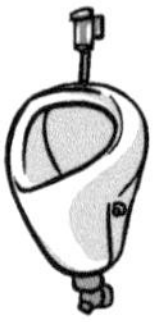

pissoir

urinol

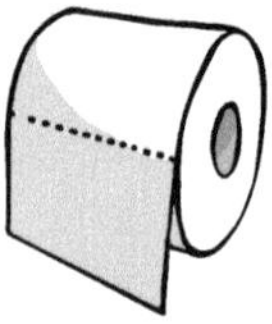

kertas toilet

papel higiénico

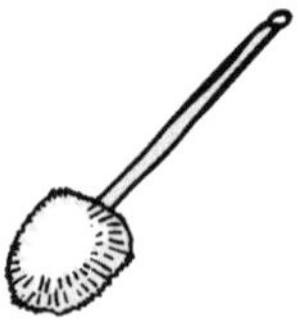

sikat toilet

piaçaba

sikat gigi

escova de dentes

pasta gigi

pasta de dentes

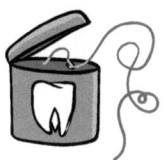

benang gigi

fio dentário

menyuci

lavar

pancuran tangan

chuveiro de mão

pancuran

duche íntimo

bak

bacia

sikat punggung

escova para as costas

sabun

sabonete

gel mandi

gel de banho

sampo

champô

planel

toalha de rosto

kuras

escoamento

krim

creme

deodoran

desodorizante

kaca

espelho

cermin tangan

espelho de mão

pisau cukur

máquina de barbear

busa cukur

creme de barbear

aftershave

loção pós-barba

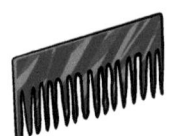

sisir

pente

sikat

escova

alat pengering rambut

secador de cabelo

semprot rambut

spray de cabelo

makeup

maquilhagem

lipstik

batom

cat kuku

verniz de unhas

kapas

algodão

gunting kuku

tesoura para unhas

minyak wangi

perfume

kantong pencuci

nécessaire

bangku

tamborete

timbangan

balança

mantel mandi

roupão de banho

sarung tangan karet

luvas de borracha

tampon

tampão

handuk pembalut

penso higiénico

toilet kimia

WC químico

kamar anak

quarto de criança

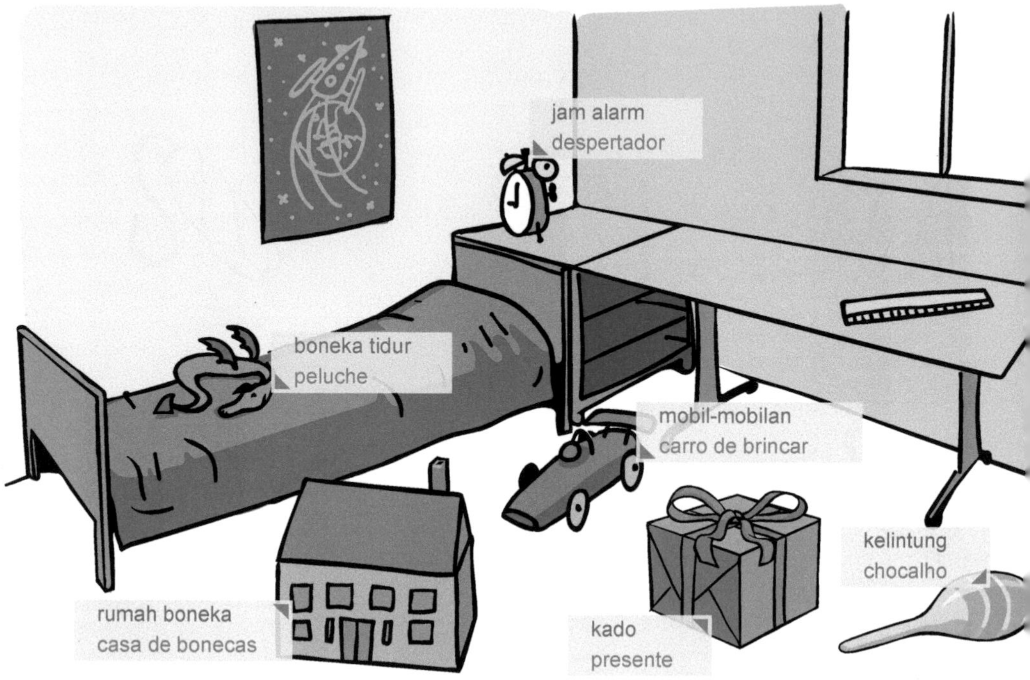

jam alarm
despertador
boneka tidur
peluche
mobil-mobilan
carro de brincar
kelintung
chocalho
rumah boneka
casa de bonecas
kado
presente

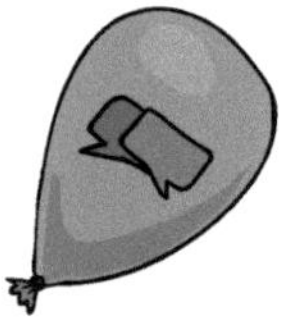

balon
balão

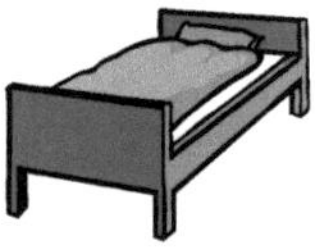

tempat tidur
cama

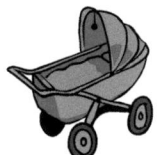

kereta bayi
carrinho de bebé

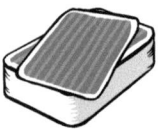

mainan kartu
jogo de cartas

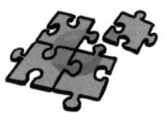

teka-teki
quebra-cabeças

SUPER
MEGA

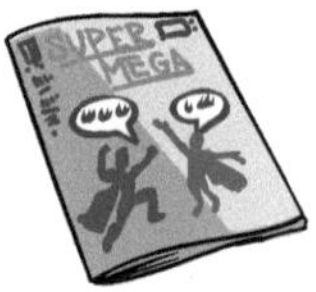

komik
banda desenhada

mainan lego
peças de Lego

blok mainan
blocos de construção

figur aksi
figura de ação

baju monyet
fato de bebé

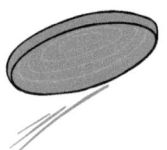

frisbee
Frisbee

mobile
móbile para bebé

permainan papan
jogo de tabuleiro

dadu
dados

set model kreta api
pista de comboio elétrico

dot
chupeta

pesta
festa

buku gambar
livro ilustrado

bola
bola

boneka
boneca

bermain
jogar

tempat main pasir

caixa de areia

ayunan

baloiço

mainan

brinquedos

video game konsol

consola de jogos

sepeda roda tiga

triciclo

teddy

ursinho de peluche

lemari pakaian

guarda-roupa

pakaian

vestuário

kaos kaki

meias

kaos kaki

meias pelo joelho

baju ketat

meias-calças

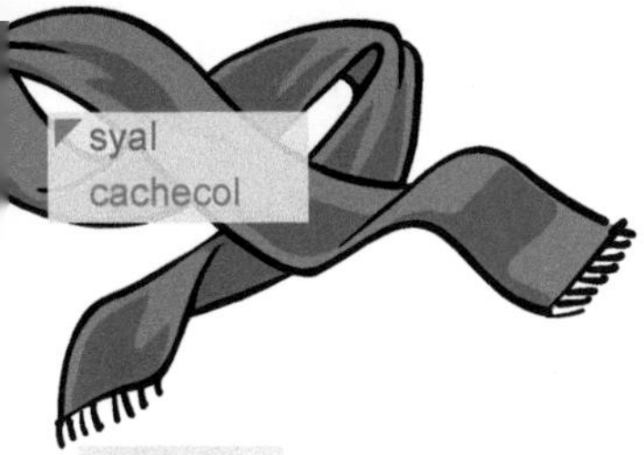

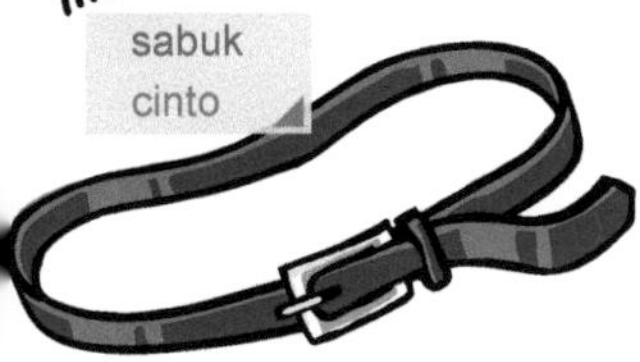

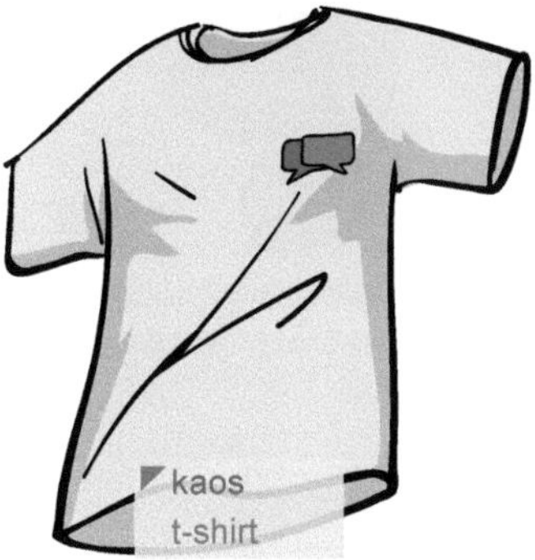

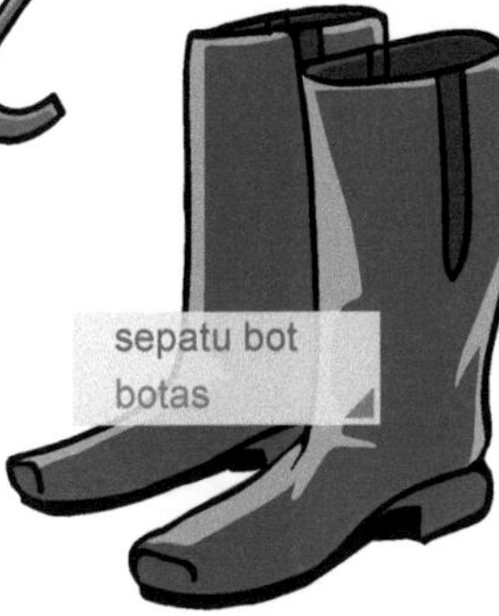

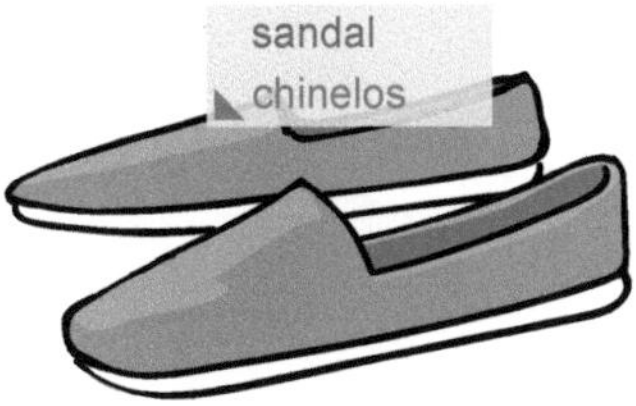

syal
cacheçol

payung
guarda-chuva

kaos
t-shirt

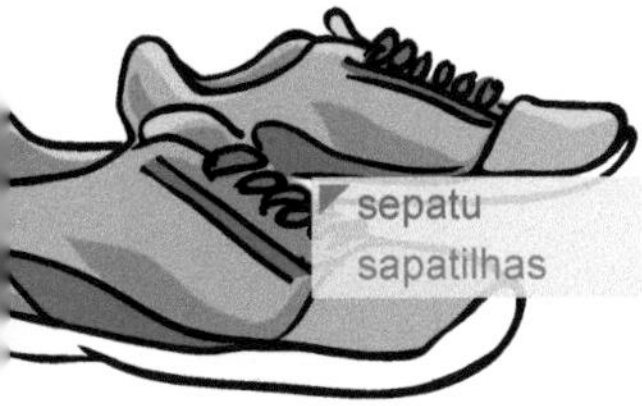

sabuk
cinto

sepatu bot
botas

sandal
chinelos

sepatu
sapatilhas

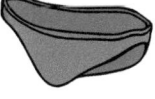

sandal
....
sandálias

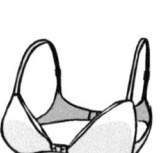

sepatu
....
sapatos

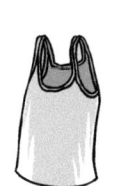

sepatu bot karet
....
botas de borracha

celana dalam
....
cuecas

BH
....
sutiã

baju rompi
....
camisola interior

body
body

celana
calças

jeans
calças de ganga

rok
saia

blus
blusa

kemeja
camisa

aket berkerudung
pulôver

sweater
camisola com capuz

jaket
blazer

jaket
casaco

mantel
manto

jas hujan
gabardina

kostum
traje

gaun
vestido

gaun pengantin
vestido de casamento

setelan resmi

fato

gaun tidur

camisa de dormir

piyama

pijama

sari

sari

jilbab

lenço de cabeça

turban

turbante

burka

burca

kaftan

cafetã

abaya

abaya

pakaian renang

fato de banho

celana renang

calções de banho

celana pendek

calções

olah raga

fato de treino

celemek

avental

sarung tangan

luvas

pakaian - vestuário

kancing

botão

kacamata

óculos

gelang

pulseira

kalung

colar

cincin

anel

anting

brinco

topi

boné

gantungan mantel

cabide

topi

chapéu

dasi

gravata

ritsleting

fecho de correr

helm

capacete

tali selempang

suspensórios

seragam sekolah

uniforme escolar

seragam

uniforme

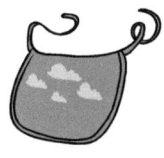

oto

babete

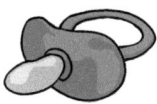

dot

chupeta

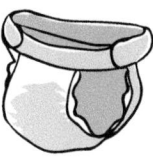

popok

fralda

kantor
escritório

server
servidor
lemari arsip
armário de arquivo
pencetak
impressora
kertas
papel
layar
ecrã
mouse komputer
rato
meja kerja
secretária
tempat pengarsipan
pasta
papan tombol
teclado
kursi
cadeira
tempat sampah
cesto de lixo
computer
computador

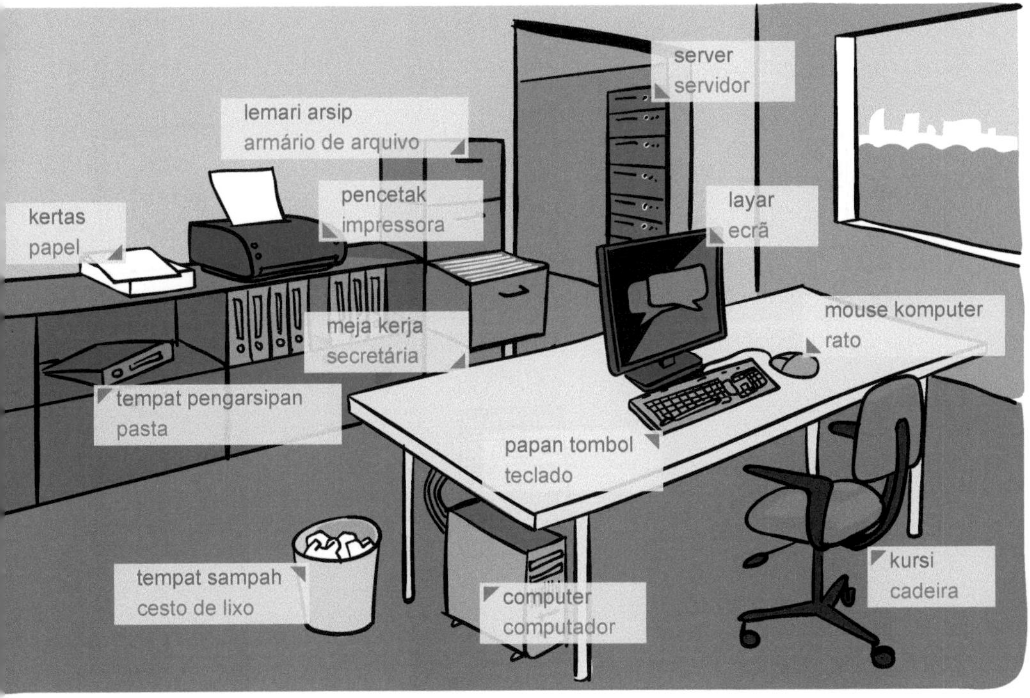

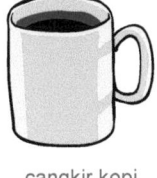

cangkir kopi

caneca de café

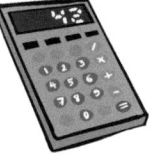

kalkulator

calculadora

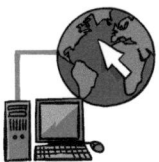

internet

internet

laptop
computador portátil

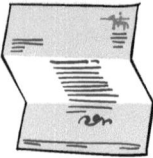

surat
carta

pesan
mensagem

telepon seluler
telemóvel

jaringan
rede

fotokopi
fotocopiadora

software
software

telepon
telefone

plug soket
tomada elétrica

mesin fax
fax

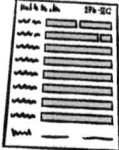

formulir
formulário

dokumen
documento

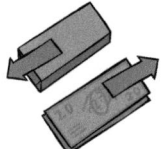

membeli

comprar

membayar

pagar

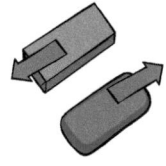

berdagang

negociar

uang

dinheiro

USD

Dollar

dólar

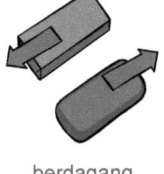

EUR

Euro

euro

JPY

Yen

yen

RUB

Rubel

rublo

CHF

Franc Swiss

franco suíço

CNY

Renminbi Yuan

renminbi yuan

INR

Rupiah

rupia

ATM

caixa de multibanco

kantor pertukaran mata uang

casa de câmbio

emas

ouro

perak

prata

minyak

petróleo

energi

energia

harga

preço

kontrak

contrato

pajak

imposto

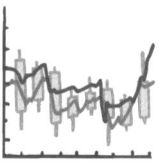

saham

ação

bekerja

trabalhar

karyawan

empregado

majikan

entidade patronal

pabrik

fábrica

toko

loja

ekonomi - agricultura

pekerjaan
profissões

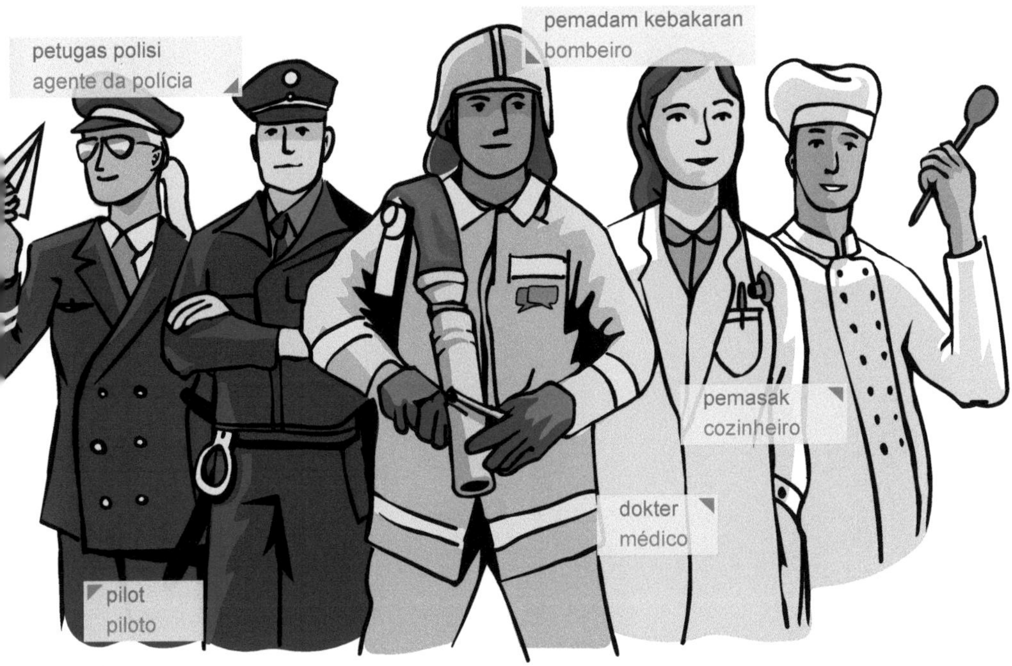
petugas polisi
agente da polícia
pemadam kebakaran
bombeiro
pemasak
cozinheiro
dokter
médico
pilot
piloto

tukan kebun

jardineiro

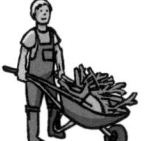

tukang kayu

carpinteiro

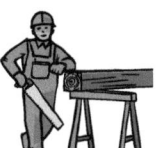

penjahit wanita

costureira

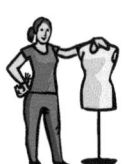

hakim

juiz

ahli kimia

químico

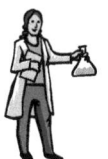

aktor

ator

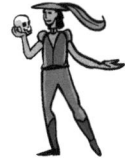

sopir bis

motorista de autocarro

sopir taksi

motorista de táxi

nelayan

pescador

pembantu

empregada de limpeza

tukang atap

telhador

pelayan

empregado de mesa

pemburu

caçador

pelukis

pintor

tukang roti

padeiro

tukang listrik

eletricista

pembangun

construtor

insinyur

engenheiro

tukang daging

talhante

tukang ledeng

canalizador

tukang pos

carteiro

tentara
soldado

arsitek
arquiteto

kasir
caixa

penjual bunga
florista

penata rambut
cabeleireiro

konduktor
controlador de bilhetes

montir
mecânico

kapten
capitão

dokter gigi
dentista

ilmuwan
cientista

rabbi
rabino

imam
imã

biarawan
monge

pendeta
pastor

alat
ferramentas

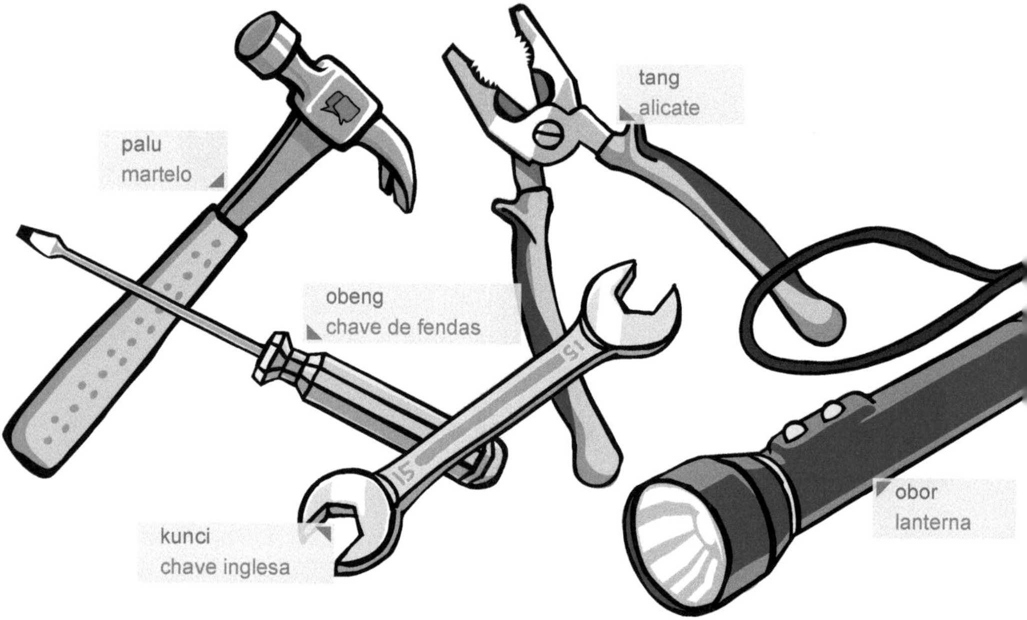
palu
martelo
tang
alicate
obeng
chave de fendas
kunci
chave inglesa
obor
lanterna

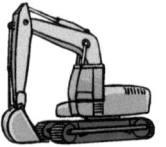

penggali
escavadora

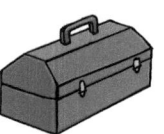

tas perkakas
caixa de ferramentas

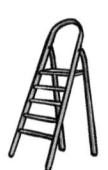

tangga
escadote

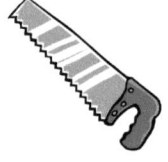

gergaji
serra

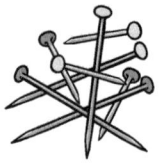

paku
pregos

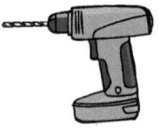

bor
broca

perbaikan

reparar

sekop

pá

Sialan!

porcaria!

cikrak

pá de lixo

pot cat

pote de tinta

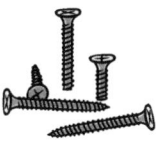

sekrup

parafusos

alat musik

instrumentos musicais

pengeras suara
altifalante

alat drum
bateria

bas
contrabaixo

trompet
trompete

gitar
guitarra

piano

piano

violin

violino

bass

baixo

tambur

timbales

drum

tambor

keyboard

teclado

saksofon

saxofone

suling

flauta

mikrofon

microfone

kebun binatang
jardim zoológico

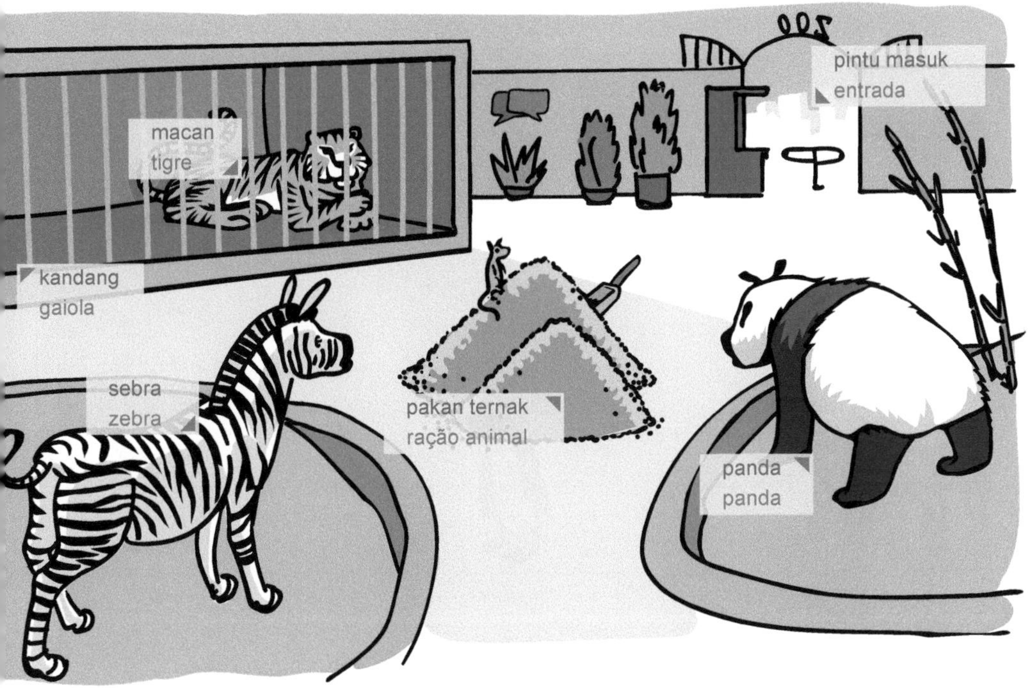

pintu masuk
entrada
macan
tigre
kandang
gaiola
sebra
zebra
pakan ternak
ração animal
panda
panda

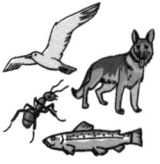

hewan

animais

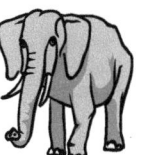

gajah

elefante

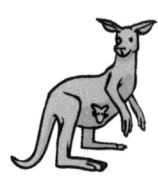

kanguru

canguru

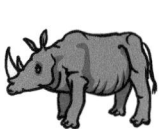

badak

rinoceronte

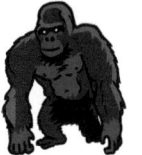

gorila

gorila

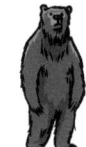

beruang

urso

unta

camelo

burung unta

avestruz

singa

leão

monyet

macaco

flamingo

flamingo

burung beo

papagaio

beruang polar

urso polar

penguin

pinguim

hiu

tubarão

merak

pavão

ular

cobra

buaya

crocodilo

penjaga kebun binatang

guarda do jardim zoológico

segel

foca

jaguar

jaguar

kuda poni

pónei

macan tutul

leopardo

kuda nil

hipopótamo

jerapah

girafa

burung elang

águia

babi jantan

javali

ikan

peixe

kura-kura

tartaruga

anjing laut

morsa

rubah

raposa

kijang

gazela

american football
futebol americano

naik sepeda
ciclismo

tennis
ténis

basketbal
basquetebol

bernang
natação

hoki es
hóquei no gelo

tinju
boxe

sepak bola

futebol

badminton

badminton

atletik

atletismo

bola tangan

andebol

main ski

esqui

polo

polo

aktivitas
atividades

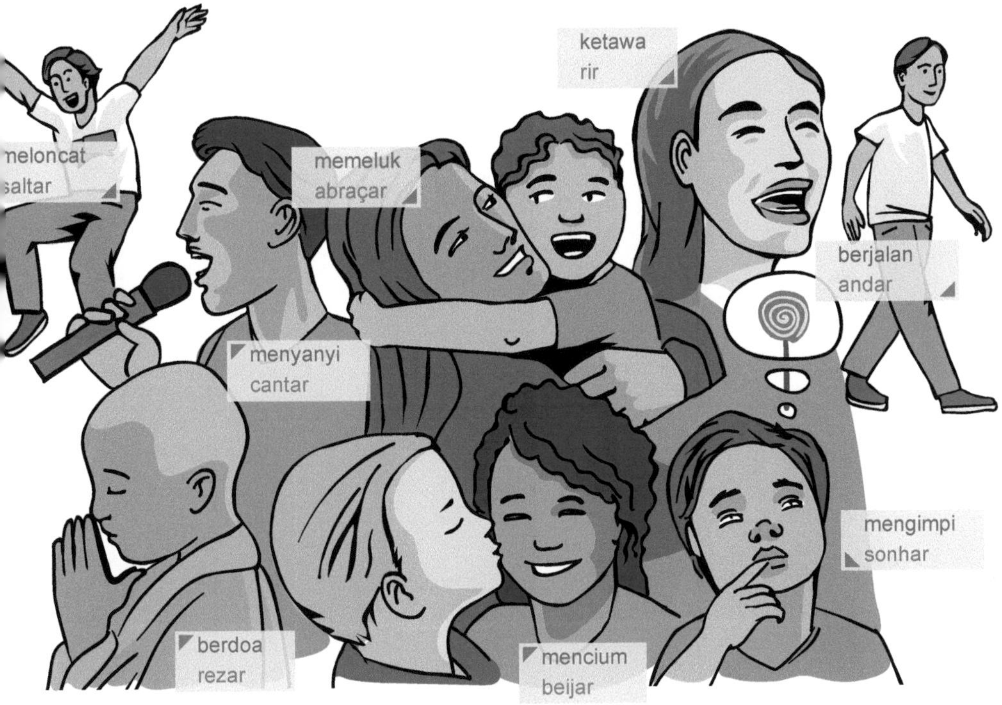

ketawa
rir
neloncat
altar
memeluk
abraçar
berjalan
andar
menyanyi
cantar
mengimpi
sonhar
berdoa
rezar
mencium
beijar

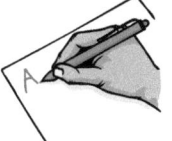

menulis

escrever

melukis

desenhar

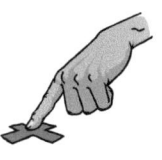

menunjuk

mostrar

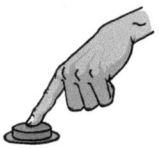

mendorong

empurrar

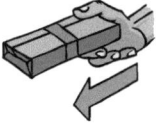

memberikan

dar

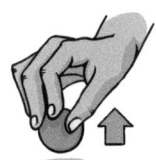

mengambil

tomar

mempunyai
ter

melakukan
fazer

adalah
ser

berdiri
ficar de pé

berlari
correr

menarik
puxar

melempar
remessar

jatuh
cair

tidur
deitar

menunggu
esperar

membawa
carregar

duduk
sentar

berpakaian
vestir

tidur
dormir

bangun
acordar

melihat

olhar para

menangis

chorar

mengelus

acariciar

menyisir

pentear

berbicara

falar

mengerti

compreender

menanyak

perguntar

mendengar

ouvir

minum

beber

makan

comer

merapikan

arrumar

cinta

amar

memasak

cozinhar

menyetir

conduzir

terbang

voar

berlayar

velejar

menghitung

calcular

membaca

ler

belajar

aprender

bekerja

trabalhar

menikah

casar

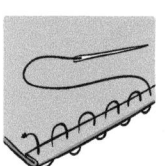

menjahit

costurar

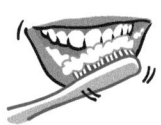

sikat gigi

escovar os dentes

membunuh

matar

merokok

fumar

kirim

enviar

nenek
avó

kakek
avô

bapak
pai

ibu
mãe

bayi
bebé

putri
filha

putra
filho

tamu
convidado

bibi
tia

paman
tio

kakak laki
irmão

kakak perempuan
irmã

badan
corpo

dahi
testa
mata
olho
bahu
ombro
jari
dedo
muka
cara
dagu
queixo
tangan
mão
kaki
perna
payudara
peito
lengan
braço

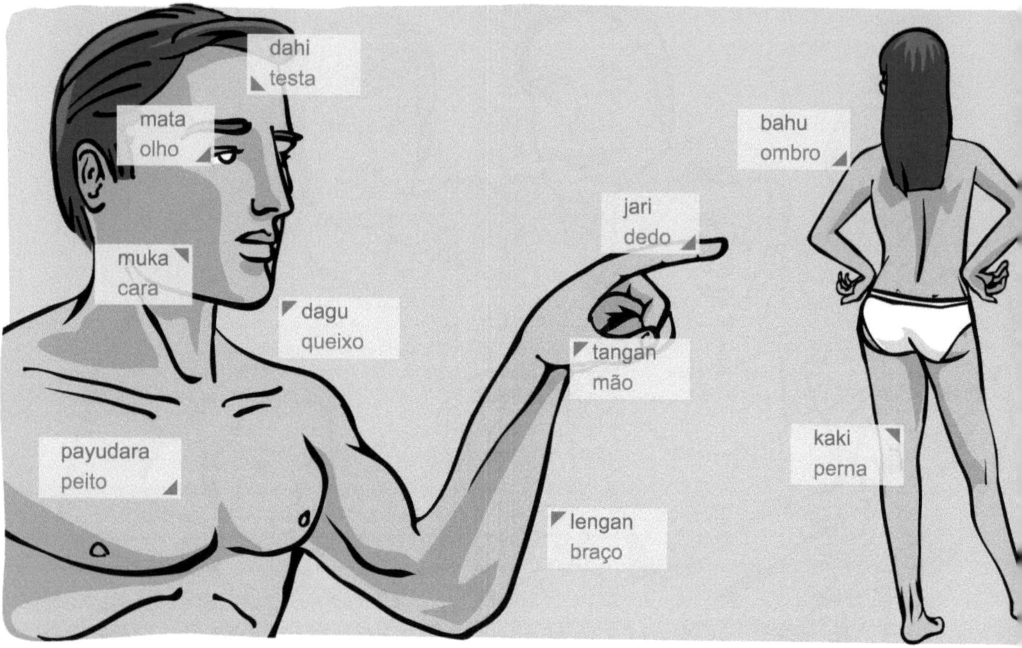

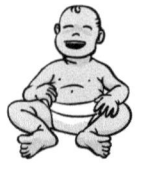

bayi
bebé

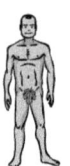

pria
homem

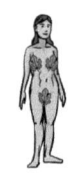

wanita
mulher

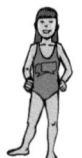

perempuan
menina

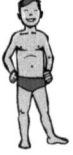

laki
menino

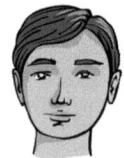

kepala
cabeça

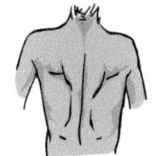

punggung

costas

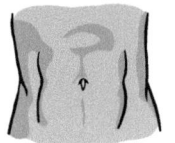

perut

barriga

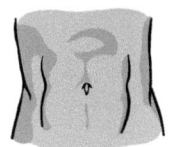

pusar

umbigo

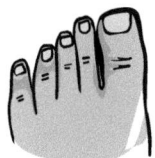

toe

dedo do pé

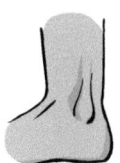

tumit

calcanhar

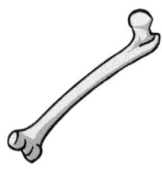

tulang

osso

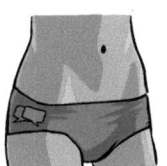

pinggang

anca

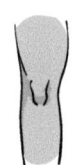

lutut

joelho

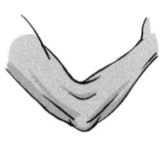

siku

cotovelo

hidung

nariz

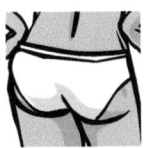

pantat

nádegas

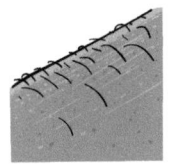

kulit

pele

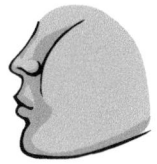

pipi

bochecha

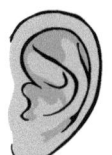

telinga

orelha

bibir

lábio

badan - corpo

mulut
boca

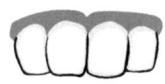

gigi
dente

lidah
língua

otak
cérebro

jantung
coração

otot
músculo

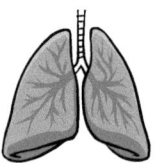

paru-paru
pulmão

hati
fígado

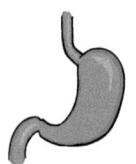

stomach
estômago

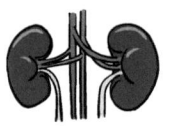

ginjal
rins

hubungan seks
relações sexuais

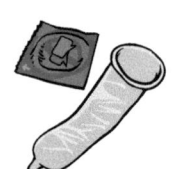

kondom
preservativo

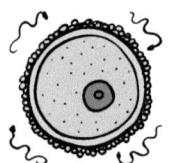

sel telur
óvulo

sperma
esperma

kehamilan
gravidez

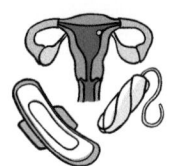

menstruasi

menstruação

vagina

vagina

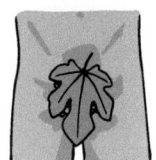

penis

pénis

alis

sobrancelha

rambut

cabelo

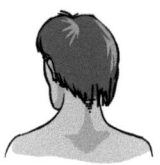

leher

pescoço

rumah sakit
hospital

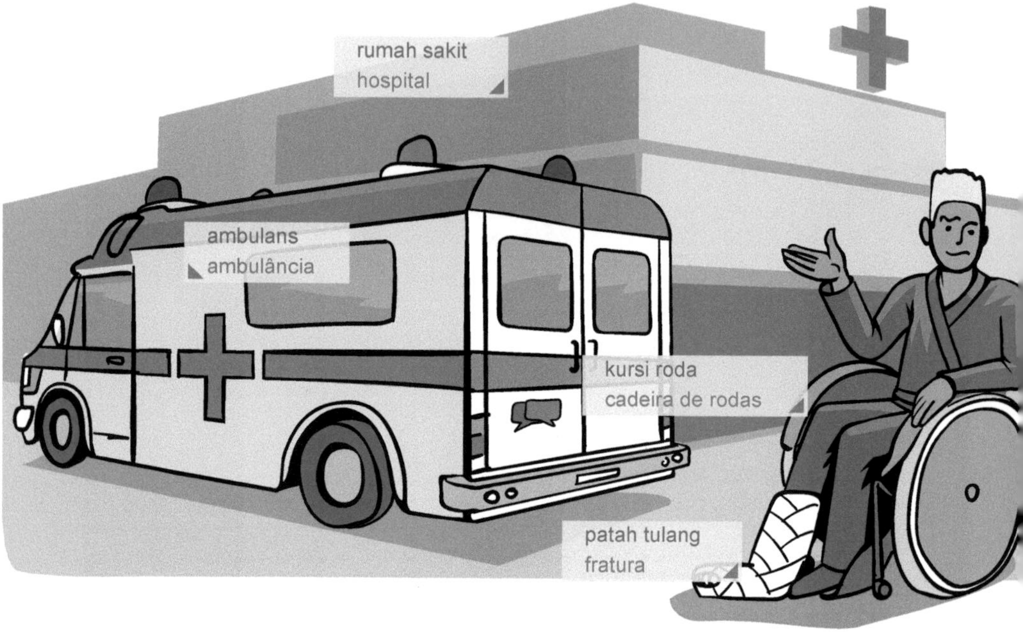

rumah sakit
hospital
ambulans
ambulância
kursi roda
cadeira de rodas
patah tulang
fratura

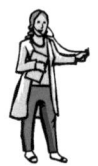

dokter

médico

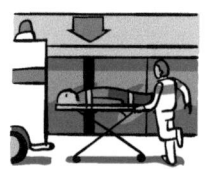

ruang darurat

serviço de urgências

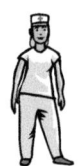

perawat

enfermeira

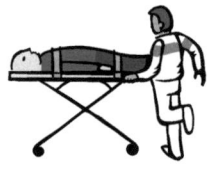

darurat

emergência

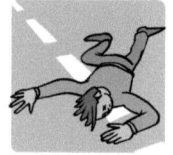

semaput

inconsciente

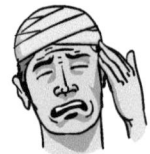

sakit

dor

cedera
ferimento

perdarahan
hemorragia

serangan jantung
ataque cardíaco

stroke
cidente vascular cerebral

alergi
alergia

batuk
tosse

demam
febre

flu
gripe

diare
diarreia

sakit kepala
dor de cabeça

kanker
cancro

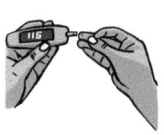

diabetes
diabetes

ahli bedah
cirurgião

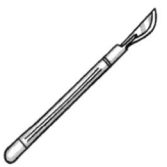

pisau bedah
bisturi

operasi
operação

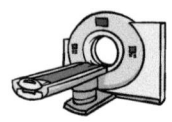

CT

CT

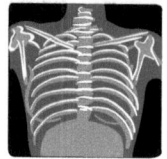

sinar x

raio x

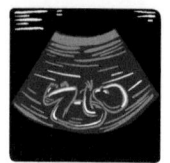

usg

ultrassom

topeng

máscara

penyakit

doença

ruang tunggu

sala de espera

penyokong

muleta

plester

penso rápido

perban

ligadura

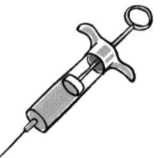

injeksi

injeção

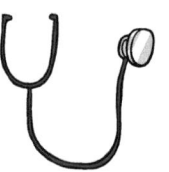

stetoskop

estetoscópio

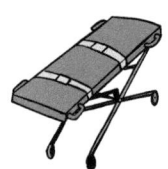

usungan

maca

termometer klinis

termómetro

kelahiran

nascimento

kelebihan berat badan

excesso de peso

alat pendengar

aparelho auditivo

desinfektan

desinfetante

infeksi

infeção

virus

vírus

HIV / AIDS

HIV / SIDA

obat

medicamento

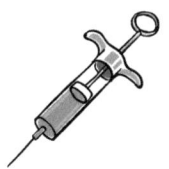

vaksinasi

vacinação

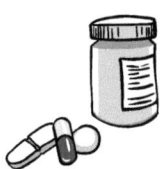

tablet

comprimidos

pil

pílula

panggilan darurat

amada de emergência

ukur tekanan darah

dispositivo de medição de
pressão arterial

sakit / sehat

doente / saudável

Tolong!

Socorro!

penyerbuan

assalto

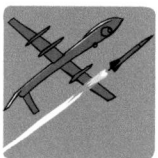

serangan

ataque

bahaya

perigo

pintu darurat

saída de emergência

Api!

Fogo!

alat pemadam kebakaran

extintor de incêndios

kecelakaan

acidente

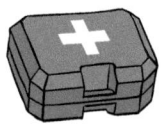

kit pertolongan pertama

estojo de primeiros socorros

SOS

SOS

polisi

polícia

Eropa

Europa

Amerika Utara

América do Norte

Amerika Selatan

América do Sul

Afrika

África

Asia

Ásia

Australi

Austrália

Atlantik

Atlântico

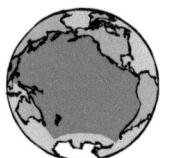

Pasifik

Pacífico

Samudra India

Oceano Índico

Samudra Antartika

Oceano Antártico

Samudra Arktik

Oceano Ártico

kutub utara

Polo Norte

kutub selatan

Polo Sul

Antarktika

Antártica

bumi

terra

tanah

país

laut

mar

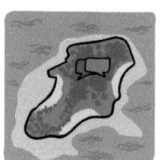

pulau

ilha

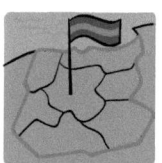

bangsa

nação

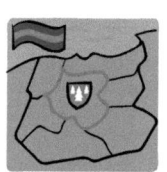

negara

estado

jam wajah

mostrador do relógio

jarum pendek

ponteiro das horas

jarum menit

ponteiro dos minutos

jarum detik

onteiro dos segundos

Jam berapa?

Que horas são?

hari

dia

waktu

tempo

sekarang

agora

jam digital

relógio digital

menit

minuto

jam

hora

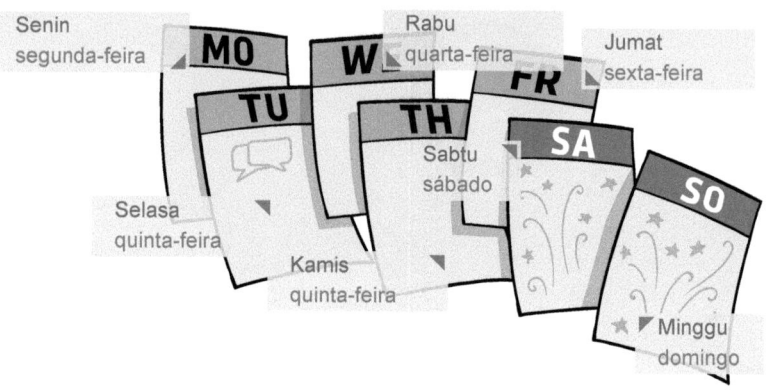

Senin — segunda-feira
Rabu — quarta-feira
Jumat — sexta-feira
Selasa — quinta-feira
Kamis — quinta-feira
Sabtu — sábado
Minggu — domingo

kemaren
ontem

hari ini
hoje

besok
amanhã

pagi
manhã

siang
meio-dia

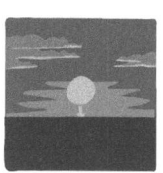

malam
entardecer

hari kerja
dias úteis

akhir minggu
fim de semana

tahun

ano

hujan
chuva
pelangi
arco-íris
salju
neve
angin
vento
musim semi
primavera
musim gugur
outono
musim panas
verão
musim dingin
inverno

4.APRIL 11°
5.APRIL 4°
6.APRIL 13°
7.APRIL 8°
8.APRIL 10°

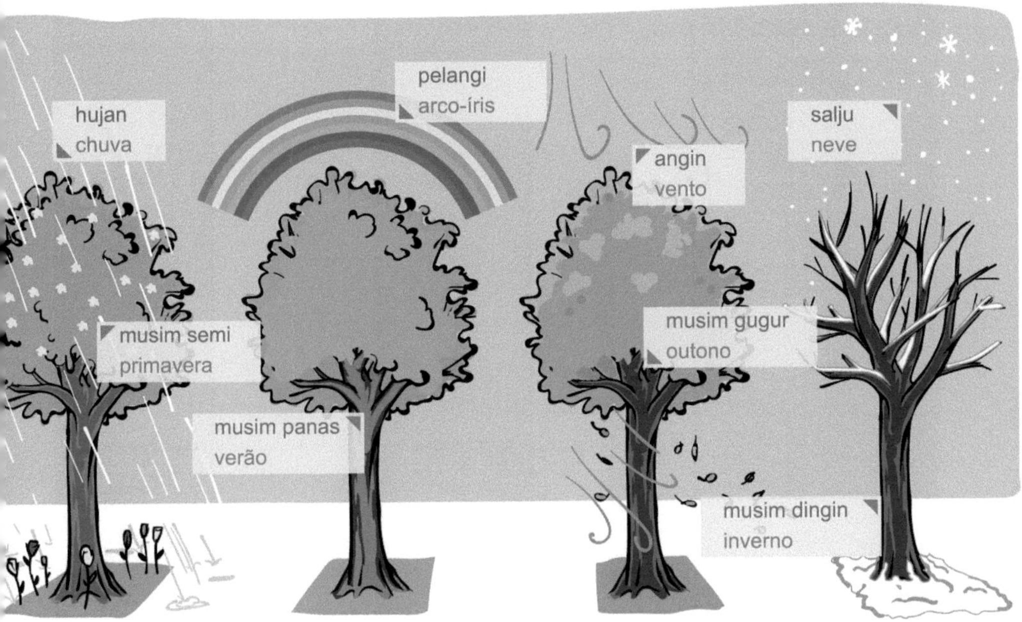

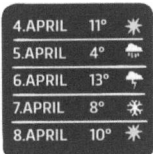

ramalan cuaca

previsão do tempo

F C
120 90 60 30 0 -30
40 30 20 10 0 -10 -20

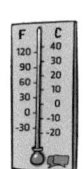

termometer

termómetro

matahari

raios de sol

awan

nuvem

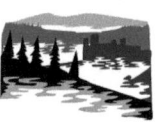

kabut

neblina / nevoeiro

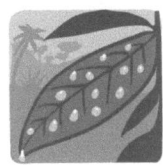

kelembahan

humidade do ar

kilat
....
relâmpago

guntur
....
trovão

badai
....
tempestade

hujan es
....
granizo

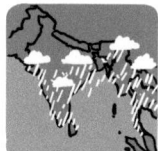

monsun
....
monção

banjir
....
inundação

es
....
gelo

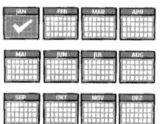

Januari
....
janeiro

Februari
....
fevereiro

Maret
....
março

April
....
abril

Mei
....
maio

Juni
....
junho

Juli
....
julho

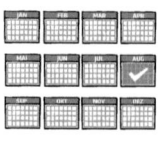

Agustus
....
agosto

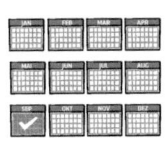

September
setembro

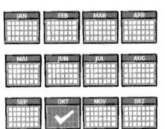

Oktober
outubro

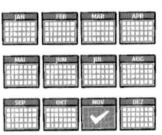

November
novembro

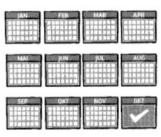

Desember
dezembro

bentuk
formas

lingkaran
círculo

persegi
quadrado

persegi panjang
retângulo

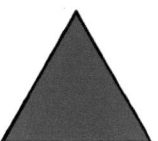

segi tiga
triângulo

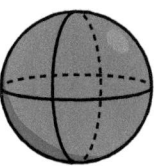

bola
esfera

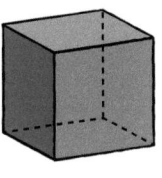

kubus
cubo

warna-warna

cores

putih
....
branco

kuning
....
amarelo

oranye
....
laranja

pink
....
rosa

merah
....
vermelho

ungu
....
lilás

biru
....
azul

hijau
....
verde

coklat
....
castanho

abu-abu
....
cinzento

hitam
....
preto

banyak / sedikit

muito / pouco

marah / tenang

furioso / calmo

cantik / jelek

lindo / feio

mulaih / selesai

princípio / fim

besar / kecil

grande / pequeno

terang / gelap

claro / escuro

saudara laki-laki / saudara perempuan

irmão / irmã

bersih / kotor

limpo / sujo

lengkap / tidak lengkap

completo / incompleto

hari / malam

dia / noite

mati / hidup

morto / vivo

luas / sempit

largo / estreito

dapat dimakan / tidak dapat dimakan

comestível / não comestível

jahat / baik

mau / gentil

bersemangat / bosan

entusiasmado / entediado

gemuk / kurus

gordo / magro

pertama / terakhir

primeiro / último

teman / musuh

amigo / inimigo

penuh / kosong

cheio / vazio

keras / lembut

duro / macio

berat / enteng

pesado / leve

lapar / haus

fome / sede

sakit / sehat

doente / saudável

ilegal / legal

ilegal / legal

cerdas / bodoh

inteligente / burro

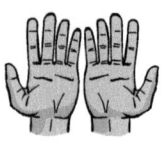

kiri / kanan

esquerda / direita

dekat / jauh

perto / longe

baru / bekas
novo / usado

tidak ada apapun / sesuatu
....
nada / algo

nyala / mati
....
ligado / desligado

buka / tutup
....
aberto / fechado

tenang / keras
....
baixo / alto

kaya / miskin
....
rico / pobre

benar / salah
....
certo / errado

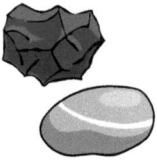

kasar / halus
....
áspero / liso

sedih / gembira
....
triste / feliz

pendek / panjang
....
curto / longo

pelan-pelan / cepat
....
lento / rápido

basah / kering
....
molhado / seco

hangat / sejuk
....
ameno / fresco

perang / damai
....
guerra / paz

tua / muda
....
velho / jovem

angka-angka
números

0

nol

zero

1

satu

um

2

dua

dois

3

tiga

três

4

empat

quatro

5

lima

cinco

6

enam

seis

7

tujuh

sete

8

delapan

oito

9

sembilan

nove

10

sepuluh

dez

11

sebelas

onze

12

duabelas

doze

13

tigabelas

treze

14

empatbelas

catorze

15

limabelas

quinze

16

enambelas

dezasseis

17

tujuhbelas

dezassete

18

delapanbelas

dezoito

19

sembilanbelas

dezanove

20

duapuluh

vinte

100

seratus

cem

1.000

seribu

mil

1.000.000

juta

milhão

Inggris

inglês

bahasa Inggris Amerika

inglês americano

bahasa Cina Mandarin

chinês mandarim

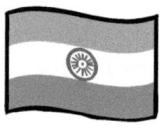

bahasa Hindi

hindi

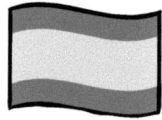

bahasa Spanyol

espanhol

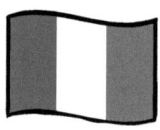

bahasa Perancis

francês

bahasa Arab

árabe

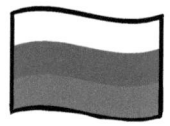

bahasa Rusia

russo

bahasa Portugis

português

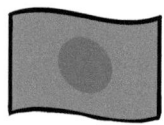

bahasa Bengal

bengalês

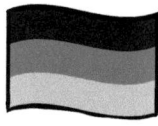

bahasa Jerman

alemão

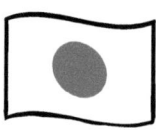

bahasa Jepang

japonês

saya

eu

kamu

tu

dia

ele / ela

kita

nós

kalian

vós

mereka

eles / elas

siapa?

quem?

apa?

o quê?

begaimana?

como?

dimana?

onde?

kapan?

quando?

nama

nome

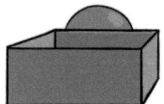

dibelakang

atrás

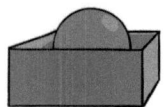

di

em

didepan

à frente de

diatas

sobre

diatas

em cima

dibawah

debaixo

sebelah

ao lado

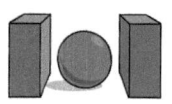

di antara

entre

tempat

lugar